Stefan Donges

Entschuldigung ich bin heterosexuell

Stefan Donges

Entschuldigung ich bin heterosexuell

Fromm Verlag

Imprint

Any brand names and product names mentioned in this book are subject to trademark, brand or patent protection and are trademarks or registered trademarks of their respective holders. The use of brand names, product names, common names, trade names, product descriptions etc. even without a particular marking in this work is in no way to be construed to mean that such names may be regarded as unrestricted in respect of trademark and brand protection legislation and could thus be used by anyone.

Cover image: www.ingimage.com

Publisher:
Fromm Verlag
is a trademark of
Dodo Books Indian Ocean Ltd. and OmniScriptum S.R.L publishing group

120 High Road, East Finchley, London, N2 9ED, United Kingdom
Str. Armeneasca 28/1, office 1, Chisinau MD-2012, Republic of Moldova, Europe
Printed at: see last page
ISBN: 978-613-8-37892-1

Entschuldigung

Entschuldigung ich bin heterosexuell,

verheiratet, arbeite täglich

und lebe traditionell.

Entschuldigung ich bemerke keinen Klimawandel,

Entschuldigung dass ich nicht eingehe

den Kuhhandel.

Entschuldigung dass ich bin treu

und dass ich nicht mit den Lügenmäulern anbandel

Entschuldigung ich bin ungeimpft

und lebe,

Entschuldigung dass ich nicht fürs Klima

den Löffel abgebe.

Entschuldigung ein drittes Geschlecht

hab ich nie gesehen.

Entschuldigung dass ich immer noch

werde stehen,

wenn all der teuflische Unfug

bald wird vergehen.

Darf ich zum letzten Tanz bitten?

Die Melodie zum letzten Tanz

ist die Toleranz.

Man tanzt jetzt gegen "Rechts"

Im Takt klatscht ein perverser Trans,

man ist jetzt tausenderlei Geschlechts.

doch der Narr hat keinerlei Substanz.

Der Weise aber geht auf Distanz

und vertraut auf Gott voll und ganz.

Nur er erhält den Siegeskranz!

Als Klimawandel bekommt die Lüge ein neues Gesicht,

erfunden hat's der größte Wicht.

Ein Narr, denn er glaubt er entkommt dem

gôttlichen Gericht!

Da, - ein "Mann" läuft umher und sticht,

der Friede alsbald völlig zerbricht,

Wohl dem der jetzt noch wiederspricht,

in Gott bewahrt er sein Leben und sein Gesicht!

Diskriminierungsopfer sprechen:

Mein Name ist Hugo R. Ich identifiziere mich als Frau, welche sich als Mann identifiziert. Mein Wunsch ist es in den Frauenknast zu kommen. Gestern, unter der Frauendusche im Schwimmbad wurde ich diskriminiert.

Hugo R.

Hurra, ich bin jetzt selbstbestimmt !!

Vor dem Supermarkt auf dem Frauenparkplatz

identifiziere ich mich als Frau mit Kind,

vor der Kasse als gefühlter Arzt im Einsatz

bin ich schnell wie der Wind.

Auf dem Amt wechsel ich zur fünfköpfigen

Flüchtlingsfamilie oder ich bin eine

Fußballmannschaft geschwind.

Wer denkt ich wäre ein Mann,

Entschuldigung der spinnt.

Denn schon im nächsten Moment bekomme

ich ein Kind.

Ich muss jetzt aufhören

denn ich sehe meine Verfolger

die mich identifizieren als Anstaltsinsasse

der gerade entrinnt.

Ein Mühlstein als Halsschmuck gefällig?

Es sind die Menschen selbst die sich knechten. Die Anweisungen von oben können noch so unsinnig, Gesundheitsschädlich und lächerlich sein, sie werden vom Deutschen stur befolgt und kontrolliert. Als ich heute beim Einkaufen meine Nase freiließ um der allgemeinen Vermummungspflicht nachzukommenum da mit einer Maske ein normales atmen schier unmöglich ist, wurde ich von einem Marktmitarbeiter darauf hingewiesen doch die Nase zu bedecken. Um kein Aufsehen zu erregen schob ich den toxischen Stofflappen kurz hoch bis er außer Sichtweite war. Das Volk ist so dressiert worden, dass es sich selbst kontrolliert und geißelt, während die Verantwortlichen ihre eigenen verordneten Maßnahmen nur zu Propagandaaufnahmen kurz vorführen. Auf dem Parkplatz des Supermarktes liefen die Menschen ebenfalls mit Maske herum und leider war ich der einzige weit und breit der aufgrund der Absurdität dieser grotesken Situation nur noch den Kopf schütteln konnte. Längst liegen massenhaft Beweise dafür vor, das es bei all diesen Demütigungen und Impfungen nicht um die Gesundheit geht und vorsichtig ausgedrückt, der Verdacht dass es sich in Wahrheit um das größte Verbrechen der Menschheit, einen geplanten Massenmord und die Umsetzung satanischer Pläne handelt, sich immer mehr aufdrängt. Weh denen die dies durchgeführt haben. Jene laut stammelnden Pharmavertreter jene Größenwahnsinnigen und Analphabeten die kaum einen vernünftigen Satz zusammenbringen und deren Lächerlichkeit sich trotz der Versuche der Medien, sie als fähige Politiker darzustellen, nicht verbergen lässt. Jeder einzelne ist dabei nach einem außergewöhnlichen Halsschmuck zu streben so wie es in der Bibel beschrieben wird:

Es wäre ihm besser, daß man einen Mühlstein an seinen Hals hängte und würfe ihm ins Meer, denn daß er dieser Kleinen einen ärgert
Lukas 17: 2

Wenn die Wahrheit ans Tageslicht kommt, wird es für viele schon zu spät sein und sie werden alles, sogar das eigene Leben verlieren.

Aber haben sie diesen Weg nicht selbst gewählt?

Tretet ein durch das enge Tor! Denn weit und breit ist der Weg, der ins Verderben führt, und viele wählen diesen Weg. Wie eng dagegen ist das Tor und wie schmal der Weg, der in das Leben führt, und wie wenige sind es, die ihn finden.

Matthäus 7: 13-14

Als Klimawandel bekommt die Lüge ein neues Gesicht,

erfunden hat's der grôßte Wicht.

Ein Narr, denn er glaubt er entkommt dem

gôttlichen Gericht!

Da, - ein "Mann" läuft umher und sticht,

der Friede alsbald völlig zerbricht,

Wohl dem der jetzt noch wiederspricht,

in Gott bewahrt er sein Leben und sein Gesicht!

Achtund, Achtung Geschlechtsdysphorie und impfen sind jetzt gesund!

Frank war nicht mehr krank.

Sein Psychiater hatte ihn als geheilt entlassen

denn jene Brühe mit üblem Gestank

das eigene Geschlecht zu hassen,

zu begehren und anzufassen

galt jetzt als schmackhafter Trank.

laut applaudierten die Massen

voll Begeisterung und Dank,

man hatte Gott verlassen.

Plötzlich und unerwartet starb Frank

der Psychiater zog höhnische Grimassen

aber der Patient starb gesund,

denn er hatte sich impfen lassen!

Hurra Herr Wachtmeister ich wars!

Schnell, schnell, schnell

ich werd jetzt kriminell!

Dann geh ich in den Frauenknast

denn als Frau fühl ich mich

als Mann

jetzt offiziell!

Wer dran zweifelt kriegt ne männliche

Schelle verpasst,

schnell, schnell, schnell

ich werd jetzt kriminell!

Ich trage dick auf Wimperntusche

und geh dann in die Frauendusche,

mit Gisela, Ginelle und Estelle

leb ich in der Gemeinschaftszelle.

Schnell, schnell, schnell

ich werd jetzt kriminell!

Beim Hofgang treff ich Isabell!

Wer braucht denn ein Bordell?

Schnell, schnell, schnell

werd jetzt kriminell!

Mein Dank geht ans Regierungskartell,

das Gesetz über die Selbstbestimmung

ist äußerst originell!

Des Königs Wutfilter

"Lasst 30 Meter zwischen der Bühne und den Plätzen der Untergebenen frei, damit wir dort eine große Anzahl an Wutfiltern Installieren können." wies der König höchstpersönlich seine Bediensteten an. "Es sind bereits einige Milliarden Tracktoren hierher unterwegs um ihre Wut darüber, dass wir ihnen das letzte Hemd nehmen werden, in die Filter zu entleeren. Damit die Filter nicht überlaufen, hat unser Geschwätzminister bereits meine Anweisung erhalten ihnen mitzuteilen, dass sie ihre Unterhosen noch einige Monate angehalten dürfen, bevor sie diese ebenfalls abzugeben haben." "Zu Befehl Majestät!" riefen die Untergebenen und rannten vor und neben der sich jetzt entfernenden Sänfte des Königs her, um mit ihren Macheten den Weg frei zu machen.

Bald darauf wurde die Erde erschüttert. Ein gewaltiges Grollen und Donnern war zu hören. Es näherte sich ein endloses Meer von Traktoren und überrollte das Land. Die Fahrer schrieen wütend und schwenkten mit Drehschlegelen wild umher, andere hielten Mistgabeln in der Hand die sie immer wieder in der Luft nach vorne stießen. Als sie die ausgestellten Wutfilter erreichten hielten sie inne. Auf der hinter den Filter zu sehenden Bühne stand der Geschwätzminister und schrei laut:

"Liebe, wunderbare Freunde, ich habe die gleiche Wut wie ihr, aber nur gemeinsam können wir die Wut loswerden. Der König hat mich ermächtigt euch eure Unterhosen zunächst noch zu lassen. Nur euer letztes Hemd müsst ihr abgeben. Seht her ich werfe meine Wut in den Wutfilter!" Demonstrativ hob der Minister seinen rechten Arm und schleuderte seine Wut, wobei er jedoch verschwieg das sie daher rührte dass er den Menschen zunächts die Unterhosen lassen musste, in einen der Wutfilter. " Werft eure Wut ebenfalls hinein, denn nur gemeinsam sind wir stark und lösen die Probleme!" "Dann könnt ihr getrost nach Hause gehen, wir werden darüber beraten was mit euren Strümpfen geschehen soll."

Einer nach dem anderen der Fahrer trat nach vorne, warf seine Wut in einen Filter und machte sich dann wieder auf den Weg nach Hause. Die Bediensteten des Königs entleerten später die Filter.

Diamanten sind unzerstörbar

Er hatte nur von Liebe gepredigt,

doch Einspruch erhob Ede

denn die Ganoven hatten sich der Wahrheit entledigt

und behaupteten es sei Hassrede

Jetzt hielten sie ihn für erledigt.

Es stimmten zu jeder und jede,

und hielten lautstarkt ihre Hetzrede.

Doch er unbeirrt redete weiter - alter Schwede!

Die Macht der Ablenkung

Abgelenkt und nach dann nach links geschwenkt.

Die Freiheit, das Denken gekonnt in einem virtuellen schwarzen Loch versenkt.

Hatte der Narr seinen Henkern Vertrauen geschenkt!

Von der Wahrheit und der Vernunft gekränkt,

rannte er auf Geheiß dagegen an,

und nun vollends beschränkt,

starb er plötzlich und unerwartet

sein Sitz war blutdurchdrängt,

er hatte sich von Gott abgewandt

der Leben schenkt!

Erst jetzt kann ich nachvollziehen wie meine Ahnen sich in der Zeit des Nationalsozialismus gefühlt haben, denn derselbe Antichristliche Geist wie damals, treibt heute, wenn auch in einem anderen Gewand sein Unwesen. Ebenso fassungslos, wütend und staunend wie meine Großeltern den damaligen Geschehnissen, wie etwa der Reichskristallnacht, dem Bösen gegenüberstanden, stehe ich heute vor der Fratze des Teufels welche er mithilfe einer sogenannten Regierung und den leeren Massen die ihr folgen, verschleiert hat. Auch der Begriff "Zombie-Apokalypse" ergibt, nachdem ich diesen in der Vergangenheit als absurd angesehen habe, plötzlich einen Sinn. Ich bin umgeben von Toten, leeren Hüllen die vom Bösen nach Belieben gefüllt und geführt werden - Zombies. Geimpft, gebrainwashed und mit Dreck gefüllt. In gewaltigen Horden ziehen sie in Richtung des Abgrundes und halten auch nicht inne selbst wenn man ihnen eindeutig belegen kann, daß sie von diesem Weg nicht mehr lebend zurück kehren werden. Wie war das nur möglich?

Sie liebten die Sünde mehr als Gott. Sie haben das ihre zum Gott erhoben und wollen die Welt ohne den Allmächtigen gestalten. Doch wenn in der Nacht das einzige Licht verdeckt wird, füllt augenblicklich die Dunkelheit den Raum. Wenn in der Welt der einzige wahre Gott verdeckt wird füllt Augenblick Satan den Raum.

18 Denn Gottes Zorn wird vom Himmel her offenbart über alles gottlose Leben und alle Ungerechtigkeit der Menschen, die die Wahrheit durch Ungerechtigkeit niederhalten. 19 Denn was man von Gott erkennen kann, ist unter ihnen offenbar; denn Gott hat es ihnen offenbart. 20 Denn sein unsichtbares Wesen – das ist seine ewige Kraft und Gottheit – wird seit der Schöpfung der Welt, wenn man es mit Vernunft wahrnimmt, an seinen Werken ersehen. Darum haben sie keine Entschuldigung. 21

Denn obwohl sie von Gott wussten, haben sie ihn nicht als Gott gepriesen noch ihm gedankt, sondern sind dem Nichtigen verfallen in ihren Gedanken, und ihr unverständiges Herz ist verfinstert. 22 Die sich für Weise hielten, sind zu Narren geworden 23 und haben die Herrlichkeit des unvergänglichen Gottes vertauscht mit einem Bild gleich dem eines vergänglichen Menschen und der Vögel und der vierfüßigen und der kriechenden Tiere. 24 Darum hat Gott sie in den Begierden ihrer Herzen dahingegeben in die Unreinheit, sodass sie ihre Leiber selbst entehren. 25 Sie haben Gottes Wahrheit in Lüge verkehrt und das Geschöpf verehrt und ihm gedient statt dem Schöpfer, der gelobt ist in Ewigkeit. Amen. 26 Darum hat sie Gott dahingegeben in schändliche Leidenschaften; denn bei ihnen haben Frauen den natürlichen Verkehr vertauscht mit dem widernatürlichen; 27 desgleichen haben auch die Männer den natürlichen Verkehr mit der Frau verlassen und sind in Begierde zueinander entbrannt und haben Männer mit Männern Schande über sich gebracht und den Lohn für ihre Verirrung, wie es ja sein musste, an sich selbst empfangen. 28 Und wie sie es für nichts geachtet haben, Gott zu erkennen, hat sie Gott dahingegeben in verkehrten Sinn, sodass sie tun, was nicht recht ist, 29 voll von aller Ungerechtigkeit, Schlechtigkeit, Habgier, Bosheit, voll Neid, Mord, Hader, List, Niedertracht; Ohrenbläser, 30 Verleumder, Gottesverächter, Frevler, hochmütig, prahlerisch, erfinderisch im Bösen, den Eltern ungehorsam, 31 unvernünftig, treulos, lieblos, unbarmherzig. 32 Sie wissen, dass nach Gottes Recht den Tod verdienen, die solches tun; aber sie tun es nicht nur selbst, sondern haben auch Gefallen an denen, die es tun.

Römer 1:18 – 32

Ein Autor hat einmal geschrieben:

Gebt den Massen nur genug Fett, Ablenkung und Wein
und sie werden lauthals in deine Richtung schrein!
Die Mischung gewürzt mit einer Brise Angst und
"Lösungen" wirkt allgemein.
Das ist's Rezept für Hörigkeit durch kontinuierliche Pain!

Nach Prüfung der Sachlage sage ich zu diesem Unsinn jedoch
eindeutig Nein!
Ich werde doch kein Zombie sein!

Dem Feinde einen verheerenden Schaden kann nur das von Gott
geführte Schwert zufügen.

Wer Armeen von Engeln hinter sich weiß, kann getrost mit einem
Messer zu einer Schießerei gehen.

Der Gottesfürchtige hat schon den Sieg bevor der Kampf beginnt,
wenn er Gott vertraut.

Eine mit Gott gespannte Armbrust durchschlägt jeden Panzer.

Wer in Liebe handelt besiegt auch die größte Armee, denn er ist in Gott.

Wie wenn jemand einen Orkan mit einem Regenschirm einzufangen und
niederzuringen versucht, ist es die, durch Sünde und Gottlosigkeit
entfesselten geistigen Gewalten, welche ihren Platz dort eingenommen

haben wo Gott abgelehnt wurde, mit menschlicher Kraft und menschlichen Mitteln niederringen zu wollen.

Selbst der größte Fresser verlâsst den Tisch wenn er nichts mehr zu fressen vorfindet
und der schlimmste Schwätzer verstummt wenn man ihn knebelt und hinausträgt.

Wer nicht weiß ob er Mann oder Frau ist, sollte seine Gesinnung überprüfen.
Und ein Blick in den Spiegel schafft Klarheit.

Das Klima ist überparteiisch und ândert sich nicht dem Menschen zuliebe.
Es ordnet sich allein Gott unter.

Hans Schlafwolf und die Schweinsmenschen

Hans Schlafwolf bemerkte dass keine Kartoffeln mehr im Haus waren. Er steckte seinen Geldbeutel ein, nahm eine Einkaufstasche und sagte zu seiner Frau:" Hilde ich bin gleich zurück, ich hole nur einen Sack Kartoffeln." Ebenso hätte er sagen können, ich gehe nur eben Zigaretten holen, denn er sollte für lange Zeit verschwunden sein, doch das konnte er zu diesem Zeitpunkt noch nicht ahnen.

Als er an dem nicht weit entfernten Supermarkt ankam sah er dass dieser geschlossen war. Eine Unzahl von Traktoren war davor zu sehen, die sich in einer nicht enden wollenden Schlange bis in den Horizont streckte. Er fragte den ersten Fahrer eines Tracktors was denn dort los sei. Dieser antwortet" Die Schweinsmenschen haben uns den letzten Sprit geklaut so dass wir jetzt hier festsitzen und nicht mehr weiter können." "Das ist ja unglaublich," antwortete Schlafwolf und fuhr fort:"Wo bekomme ich den jetzt einen Sack Kartoffeln her?"

"Geh bis zum Ende der Tracktorenkarawane, dort steht ein Lastwagen mit einer Ladung Kartoffeln, er wird die sicher gern einen Sack abgeben," sagte der Fahrer. " Danke!" erwiderte Herr S. und machte sich auf den Weg.

Nachdem er zwei Tagesmärsche zurück gelegt hatte, er übernachtete in einer überdachten Bushaltestelle, kam an ganzen Wäldern von Windrädern vorbei, man wollte zum Wohle der Umwelt alle Pflanzen durch eben diese Windräder ersetzten , erreichte er ein Gebäude auf dem groß geschrieben stand Parteizentrale der Bunten. Hinter einem das Gebäude umgebenden Zaun mit Stacheldraht spielte sich ein merkwürdiges Schauspiel ab. Er erblickte eine Herde Schweine, so wie eine Anzahl von Menschen die sich im Schlamm suhlten. Einer der Menschen rannte mit ausgestreckten Armen, welche wohl Tragflächen andeuten sollten, um das Geschehen herum und schrie: " Ich identifiziere mich als Flugzeug, ich bin jetzt ein Flugzeug!"

"Er ist jetzt ein Flugzeug, wir sind Schweine!" ertöhnte es nun mehrmals im Chor der sich im Schlamm wälzenden Menschen.

Eine Anzahl von Demonstranten hatten sich zwischenzeitlich eingefunden, die Schilder in die Luft hielten auf denen zu lesen war: Ein Mensch kann kein Schwein sein! Nachdem sie das Treiben in der Parteizentrale jedoch gesehen hatten, rammten sie die Plakate in den Boden und ergriffen schleunigst die Flucht wobei sie riefen:" Erbarmen! Wir haben uns geirrt!"

Noch absurder und unwirklicher wirkten aber jene merkwürdigen Gestalten die sich als Wirtschaftsminister und Außenministerin identifizierten, sowie ein Zwerg auf hohen Stelzen der sich für einen Kanzler hielt.

Unausdenkbar was passieren würde wenn ihnen auch nur ein einziger Glauben schenkte!

Hans Schlafwolf durchquerte bei seinem Einkaufsgang unzählige Länder die er bisher nur aus dem Fernsehen kannte, deren Einwohner jedoch eines gemeinsamen hatten, sie brachen in schallendes Gelächter aus als sie erfuhren dass er ein Deutscher war. In einigen Staaten, zb. der Ukraine und großen Teilen Afrikas wurden seine Taschen auf's Gründlichste untersucht und selbst das letzte Saubkorn welches man bei ihm fand wurde einbehalten. Er ernâhrte sich unterwegs von allerlei Plastiksorten und Insektenarten welche er reichlich vorfand und schnorrte bei den zahlreichen Klebern die sich auf die Straße klebten um eine höhere CO2 Steuer zu erreichen, immer wieder Klebstoff den er Abends am Feuer erhitzte und konnte seine Ernährungsgewohnheiten so beibehalten.

Die Meere waren recht einfach zu überqueren da sich an die Reihe von Tracktoren in dem Wasser lückenlos Fischkutter an Fischkutter reihte. Nachdem er 417 Tage marschiert war, erreichte er endlich das Ende der Schlange und bekam vom Lastwagenfahrer nun die Auskunft dass die Nachfrage nach gesunder Ernährung so gering und das Interesse der Mehrheit an dem von der Regierung angebotenen Plastikfood so groß war, dass er die ganze Ladung mit Kartoffeln den Schweinen vorgeworfen hatte..

Doch was war das? Keine zehn Meter entfernt stand der Traktor dessen Fahrer er zu Beginn seiner Reise nach einem Sack Kartoffeln gefragt hatte. Er war einmal rund um die Welt gelaufen, nur um jetzt folgende Worte des Bauern zu hören:

"Du bist ohne nachzudenken in die falsche Richtung gegangen, nur wenn wir gemeinsam in die richtige Richtung gehen erreichen wir unser Ziel."

Hans Schlafwolf zerriß nun augenblicklich das Wort Schlaf in seinem Namen und hieß nun Wolf. " Werft den Schweinen nichts mehr zum Fraß vor." erwiderte er und kehrte den Schweinsmenschen den Rücken zu ...

NZEIGE Rettet die Natur e.V.

Sie ziehen mich doch nur durch den Kakau,
nichts als Lüge und Sozialabbau.
ich bleibe männlich werd keine Frau.
Schalte ab die Tagesschau.
Identifiziere mich nicht als Meerjungfrau,
als Pfau.
Weil ich Gott vertrau.
Wenn ich groß bin werde ich Umweltsau.

"Auf meiner Windschutzscheibe schrien die Kleber lauthalts au!
Macht Platz hier kommt die Umweltsau!

Realität ist nur das Undenkbare.
Denn jeder Gedanke ist subjektiv,
die Realität aber ist objektiv.
Ebenso kann kein Gedanke über Gott treffend sein,
denn Gott ist Realität.

Gott aber wird sich offenbaren.

Wo viel Gesindel ist wird es eng.

Besser man verlässt diesen Ort

um nicht erdrückt zu werden.

Auch der letzte in einer Karawane die

in den Abgrund geführt wird bleibt

nicht verschont, wer den Weg aber

selbst erkundet entgeht dem Verderben.

Deutschland

Wo Zwei sich streiten distanziert sich der Dritte.

Und der Vierte sorgt dafür dass man die Schuld

des Angreifers zerütte.

Der Täter bekommt eine kostenlose Hütte.

Besser ein Tanz mit einem wütenden Eber,

als eine Diskussion mit einem Klimakleber.

Denn mehr Verstand ist in dem Schädel vom Eber,

als Intelligenz im Intellekt vom Klimakleber!

Der Böse freut sich am bösen.

Dem Aufrechten aber ist es ein Gräuel.

Dem Schaf ist's egal es frisst, schläft

doch der Wolf lacht und hinterlässt

nur ein paar Wollknäuel!

Verwirf alles Verwerfliche!

Und ergreife das Unsterbliche!

Ein Vorwurf führt ins Verderbliche,

ein rechtes Wort in das nur durch Liebe ererbliche.!

Wer erinnert sich noch an die Zeit vor dem großen Krieg?

Es galt als Râtsel,

warum das Volk der Dichter und Denker

ward immer krânker.

zu jener Zeit opferte man anstatt Gott

dem Volk der Schmarotzer und Henker.

Man sah gar machen Wicht am Lenker

Die Steuermänner waren allesamt

Weinbrandschwenker,

Waffen- und Geldverschenker

und galten als Vordenker.

Es verwundert nicht

dass diese Gesellen des Teufels

alsbald ausknipsten der Menschen

Lebenslicht

mit üblem Gift

und kriegerischen Kämpfen.

Lediglich den Gottesfürchtigen fingen

sie nicht

weder mit des Giftes tödlichen Krämpfen

noch mit Pulverdämpfen.

Er hatte es gewagt gegen die Anordnung der Könige zu verstoßen und jenes verbotene Wort, noch dazu ungefiltert durch eine Wortfiltermaske, jener Tag und Nacht zu tragende Maske die von den gütigen Königen zum Wohle des Volkes entwickelt worden war, zu tragen. Und als sei dies nicht schon verwerflich genug, war er nicht einmal mit einem Geschlechtserkennungszeichen gekennzeichnet, so dass nicht ersichtlich war, welchem Geschlecht er sich zuordnete und sogar das letzte menschliche Zeichen, der Strichcode auf der Stirn war nicht vorhanden. Die Menschen die ihn sahen wichen entsetzt zurück und gaben unverzüglich Gedankenfunken ab um die Ordnungsbehörde in Echtzeit informieren. Wie hatte diese Kreatur nur ohne Wortfiltermaske so lange überleben können, wo es doch hieß 5 Minuten ohne Maske wären tödlich?

Zeugen berichteten später daß sie mit eigenen Augen gesehen hätten wie jene entsetzliche Kreatur das verbotene, Wort nicht nur ohne Maske ausgesprochen, sondern mit einer Farbspraydose sogar mitten auf eine Straße, auf der geraden ein paar Klimaheilige sich zur Meditation festgeklebt hatten, aufgesprühte. Der Zeitnah herbeigeillte Spurensicherung der Ordnungshüter gelang es schon kurz nach dem Tatgeschehen den Rechtsverstoß nachzuweisen das entziefferte das Wort als Beweis sicherzustellen.

Es lautete: Gott.

Kleb einfach weiter

Mit angeklebter Hand
machte der Klimakleber
aus einer Mücke einen Elefant.
Doch sein Mut alsbald schwand
als er das schnell herannahende Ungetüm
als Mähdrescher erkannt.
Bauer Huber saß träumend darauf
und musste deshalb in seinen
Tagträumen allerdings das rechtzeitige
Abbremsen versäumen.
Erst als der Klebende aufs Übelste
schon getroschen
fiel bei dem Bauern dann doch der Groschen
Er rief dem Kleber zu:der jetzt grün und blau
und ein wenig breiter:
" Bin gleich vorbei,
kleb einfach weiter!"
Die Motivation des Aktivisten
der nun nicht mehr heiter
aber schien erloschen.
und das war durchaus gescheiter.

Dem Klimakleber war eine Laus über die Leber gelaufen,
er hatte vergessen Kleber zu kaufen.
Also verließ er den Sauhaufen
und ging sich besaufen.
Das war wohl schiefgelaufen!

Kauft nicht bei Nazis!

Schon als er den Supermarkt betrat überwältigte ihn ein mulmiges Gefühl welches immer stärker wurde je weiter er voranschritt. Direkt im Eingangsbereich passierte er eine Obsttheke mit allerlei Früchten und Gemüse, die an ein Kühlfach mit Milchprodukten, Salaten und Sandwiches grenzte. Als er realisierte was das für Produkte waren schluckte er und begann zu zittern. Das waren doch alles Erzeugnisse von Nazis! Merkte dies denn keiner? Die Leute in seiner Umgebung gingen vorbei als sei dies selbstverständlich. Einige, es waren vermutlich Rechtsradikale, griffen sogar in die Regale und legten die Hinterlassenschaften der Nazis in ihre Einkaufswagen!

Jene Erzeugnisse, die in Selbständigkeit produziert und von welchen das Gerücht umging, dass man damit mittels eines langfristig geplanten Attentats auf die Regierungsvertreterin Ricarda Kurz, nachdem die Pläne der Rollatorgang gescheitert waren, die Regierung stürzen wollte. Die Medien hatten oft genug vor den Nazis gewarnt!

In einer Mischung von Angst, Wut und Entsetzen schrie er laut: "Leute kauft nicht bei Nazis!"; verließ eiligst das Geschäft, setzte sich auf sein Lasenrad und trat eifrig in die Pedale, da der Akku seines Fortbewegungsmittels wieder einmal leer war. Er fuhr an einigen brennenden E-Autos vorbei, ließ unterwegs eine nicht unbeträchtliche Anzahl von Ankommenden welche gerade ihre Messer wetzten und Frauen hinterher pfiffen, hinter sich und erreichte schließlich ein Zoogeschäft wo einen Vorrad an Maden und Insekten erwarb, er kaufte eine Wochenration jener nach den Vorgaben der Regierung sauberen Nahrung.

In dieser Jahreszeit kann uns nicht nur der wunderbare Anblick von bunten Wäldern im herbstlichen Blätterkleid erfreuen, nein, es gilt auch eine erhöhte Aufmerksamkeit und Vorsicht denn immer häufiger kann man ihn jetzt wieder bei der Nahrungssuche im Supermarkt beobachten: den Homo Beklopptus - den gemeinen Maskenträger. So harmlos und belustigend sein Anblick auch erscheinen mag, so darf man dabei doch nicht vergessen daß seine Maske nur das äußere Kennzeichen seines prall gefüllten Lügenspeichers darstellt den er jederzeit und unerwartet auf sein Umfeld entleeren kann wenn er sich bedroht fühlt. Es ist daher ratsam ihn nicht anzusprechen und schnellstmöglich den Gefahrenbereich zu verlassen.

Absehbar und erwartungsgemäß starb er plötzlich und unerwartet.
Das Gift war ausgeartet. Er hörte nicht zu als ihr es ihm offenbartet.

Wer badet denn da im Bürgergeld?
Oh, es ist der bekannte Mohamed Zustecher.
Es applaudieren jene die ihn bestellt
und füllen neu den Giftbecher.
Doch ihr Machtgefüge alsbald zerfällt,
es wird von Tag zu Tag schwächer.

Denn der HERR hat das Recht liebund verlässt seine Heiligen nicht.Ewiglich werden sie bewahrt,aber das Geschlecht der Frevler wird ausgerottet.

Psalm 37:28

Liebe Brüder und Schwestern, seid nicht Kinder, wenn es ums
Verstehen geht; sondern seid Kinder, wenn es um Bosheit geht; im
Verstehen aber seid erwachsen

1. Korinther 14:20

Dem Gottlosen ist sein Leben wie ein Wind,
der ihn bald hierhin und bald dorthin treibt
Wie eine Handvoll Sand den er mit aller Kraft
festzuhalten versucht und der ihm doch
unweigerlich zwischen den Fingern entrinnt.
Dem Gottesfürchtigen aber ist sein Leben
ein Lehmklumpen den er nach dem Bilde Gottes formt,
ein Haufen Strandgut welches ihm von den Wogen
der Geschehnisse zu gespült wird
und aus dem er eine Leiter zimmert.

Schon als ich ihn erblickte war ich bereit ihm zu helfen. Was war ihm
nur passiert?

War auf einem Kostümfest auf dem er gewesen war ein Brand oder ein
anderes Unglück ausgebrochen so dass er sich Hals über Kopf in
Sicherheit bringen musste um jetzt in Frauenkleidern und geschminkt
umher gehend, zu versuchen sich möglichst unauffällig aus dieser
peinlichen Situation zu stehlen?

Besotgt fragte ich ihn: "Was ist ihnen denn passiert, kann ich ihnen
helfen?"

"Nein ich brauche keine Hilfe ich bin. Quer!"

Er schien nicht mehr zurechnungsfähig zu sein. Denn was war denn da
quer? Völlig gerade stand er vor mir und auch sonst wiesen seine

Gliedmaßen keinerlei queren Auswüchse oder gar Brüche auf. War er ein Opfer der seit einiger Zeit durchgeführten Impfungen von denen man munkelte daß sie das Gehirn angriffen? Oder war sein Zustand durch die Legalisierung von Drogen seitens der Regierung verursacht?

"Ich werde mich jetzt festkleben um das Klima zu retten." äußerte er nun überraschend, holte eine Tube Kleber hervor und klebte sich mit der Hand mitten auf eine Straße. Sekundenbruchteile später näherte sich wild hupend ein großer LKW mit einer Ladung von einigen Dampfwalzen und der Fahrer schrie dabei mehrmals wild gestikulierend:

" Scheiß Gr..e, aus dem Weg!" um den Klebenden im nächsten Moment zu überrollen.

Jetzt wußte ich Bescheid, es war ein Gr..er. Ich hatte keine Fragen mehr...

Baue nicht auf die Regierung
baue auf Gott

Sich im Auge des Sturms häuslich niederzulassen
ist vergebliche Mühe.
Wer ein Haus aus den Baustoffen die von
Betrügern geliefert wurden baut,
ist nicht nur bald obdachlos,
sondern verliert vielleicht sein Leben.
Wer sein Haus heizen will indem er sich selbst
verbrennt tut den Plünderern einen Gefallen.
Nur auf dem rechten Fundament gebaut
hat ein Haus Bestand!

Gibt es eigentlich Leben auf der Erde?

Oder nur Krankheitsherde?

Es existiert intelligentes Leben jenseits der

hypnotisierten Herde.

Ein deutscher Bauer eilligst heranschafft,

Obstsaft für die Fachkraft.

Doch der Neubürger den Trunk verschmäht,

er fordert mehr von früh bis spät

und, ach du Schreck, er gerät

dabei unter des Bauern Mähgerät.

Der Unfall war verursacht durch

das defekte Kontrollgerät.

Diamanten sind unzerstörbar

Er hatte nur von Liebe gepredigt,

doch Einspruch erhob Ede

denn die Ganoven hatten sich der Wahrheit entledigt

und behaupteten es sei Hassrede

Jetzt hielten sie ihn für erledigt.

Es stimmten zu jeder und jede,

und hielten lautstarkt ihre Hetzrede.

Doch er unbeirrt redete weiter - alter Schwede!

Ist die Impfung das Malzeichen des Tieres?

Euch geschehe nach eurem Glauben

Nicht nur in einer Krise hängt alles von der eigenen mentalen Stärke bzw. dem eigenen Gauben ab, sondern diese biblische Wahrheit bestimmt in allen Lebenslagen über Erfolg und Misserfolg. Woran glaubst Du? Glaubst du wie die meisten Menschen an die von den Medien seit vielen Monaten gepredigte Angstpropaganda? Für mich persönlich ist dies der größte Betrug aller Zeiten. Wem es nicht gelungen ist sich ein eigenes Bild von der tatsächlichen Lage zu machen, der lebt in eben dieser Lüge und in seiner Angst folgt er willfährig allen Anweisungen. Gut, einen Vorteil hat dies sicherlich. Derjenige wird bis zum bitteren Ende weiter kaufen und verkaufen, weiter Restaurants und Veranstaltungen, den Frisör und andere Etablissments aufsuchen können, denn man braucht sicherlich nicht allzuviel Fantasie um die von den Medien selbstverständlich als Verscwörungstheorie bezeichnete Vorgehensweise(Echte Nachrichten heißen heutzutage Fake News. Die Vorhaben der Parteien, vor allem der Bunten, Verschwörungstheorien). den digitalen Impfpass zum Chip weiterzuentwickeln, welchen sich dann jeder Narr stolz und freudig erregt unter die Haut implantieren lassen kann ohne welchen man weder kaufen noch verkaufen können wird. Vielleicht bekommt er dafür gar eine Bratwurst! Aber er wird am Ende einen hohen Preis zahlen!

Die Bibel prophezeit

„Und es bringt alle dahin, die Kleinen und die Großen, und die Reichen und die Armen, und die Freien und die Knechte, dass sie ein Malzeichen annehmen an ihre rechte Hand oder an ihre Stirn; und dass niemand kaufen oder verkaufen kann als nur der, der das Malzeichen hat, den Namen des Tieres oder die Zahl seines Namens. Hier ist die Weisheit. Wer Verständnis hat, berechne die Zahl des Tieres, denn es ist eines Menschen Zahl; und seine Zahl ist 666“ (Off 13,16–

Wir sehen gerade die Anfänge von diesen Dingen. Das Malzeichen des Tieres ist letztendlich nur das Siegel für diejenigen die den antichristlichen Geist des dieses anordnenden Regimes annehmen, befürworten oder auch nur aus Bequemlichkeit mitschwimmen. Vielleicht sollte an dieser Stelle jedoch ergänzend noch erwähnt werden, was mit den Menschen passieren wird die dieses Malzeichen annehmen:

'Und ich hörte eine große Stimme aus dem Tempel, die sprach zu den sieben Engeln: Geht hin und gießt aus die sieben Schalen des Zornes Gottes auf die Erde! Und der erste ging hin und goss seine Schale aus auf die Erde; und es entstand ein böses und schlimmes Geschwür an den Menschen, die das Zeichen des Tieres hatten und die sein Bild anbeteten.'

Off 16: 1,2

Und ein dritter Engel folgte ihnen, der sprach mit lauter Stimme: Wenn jemand das Tier und sein Bild anbetet und das Malzeichen auf seine Stirn oder auf seine Hand annimmt, 10 so wird auch er von dem Glutwein Gottes trinken, der unvermischt eingeschenkt ist in dem Kelch seines Zornes, und er wird mit Feuer und Schwefel gepeinigt werden vor den heiligen Engeln und vor dem Lamm. 11 Und der Rauch ihrer Qual steigt auf von Ewigkeit zu Ewigkeit ...

Offenbarung 14: 9

Düstere Aussichten?

Nein, keinesfalls,

denn am Ende siegt Gott und alle die ihm Folgen.

Ich hebe meine Augen auf zu den Bergen.

Woher kommt mir Hilfe?

Meine Hilfe kommt vom HERRN,

der Himmel und Erde gemacht hat.

Psalm 121: 1-2

Denn alles, was von Gott geboren ist, überwindet die Welt;

und unser Glaube ist der Sieg, der die Welt überwunden hat

1. Johannes 5: 4

Wirst du von der Tarantel gestochen,

ist dein Blut bald am kochen,

deine Zellen stehen auf Empfang,

Doch tröste dich, das dauert nicht so lang.

Anstatt sich im Lügennetz zu verheddern,

gilt es die Tarantel zu zerschmettern.

Folge nicht den vielen "Rettern"

die sich überheben.

Meide sie und du wirst leben!

Die Booster Impfuen scheinen schon in das ein oder andere Gehirn vorgedrungen zu sein. Als ich am Montag mit meinem Mitarbeiter vor dem Lidl stand um einen Kaffee zu trinken, ging ein älteres Ehepaar in den Discounter ohne Einkaufswagen. Eiligst kam ein ebenfalls schon älterer Mann, wie von einer Tarantel gestochen, mit einem Einkaufswagen hinterher und rief:

" Sie brauchen einen Einkaufswagen!"

Auf die freundliche Erwiderung des Paares, dass sie keinen Wagen benötigten, zeigte er auf ein am Eingang angebrachtes Schild auf dem stand: Eintritt nur mit Einkaufswagen und protestierte dabe trotzig mit lauter Stimme: "Doch!" Als auch dies das arme, fassungslose Duo nicht überzeugen konnte und damit nicht die erhoffte Wirkung erzielt hatte, stieß er den Wagen kraftvoll in Richtung des Paares und ließ ihn rollen. Wobei er sein Ziel zum Glück allerdings verfehlte. Die Metallgifte in seinem Körper ziehen ihn anscheinend wie Magnete in die neue (Welt)Ordnung. Diese oder ähnliche Situationen, die mittlerweile sicher schon jeder miterlebt hat, sind als Anzeichen der immer größer werdenden Bedrohung, sicher alles andere als beruhigend und nur mit der richtigen Einstellung wird man die immer stärkeren Angriffe und wütenden Schläge der wild um sich schlagenden Satanisten, deren Meister weiß dass er nicht mehr viel Zeit hat, überleben. Sehen wir uns dazu das Beispiel der Kundschafter an in 4. Mose, Kapitel 13 und 14, die das Land inspizierten, das Gott dem Volk Israel zugesagt hatte.

Aber die Männer, die mit ihm hinaufgezogen waren, sprachen: Wir vermögen nicht hinaufzuziehen gegen dies Volk, denn sie sind uns zu stark.

Und sie brachten über das Land, das sie erkundet hatten, ein böses Gerücht auf unter den Israeliten und sprachen: Das Land, durch das wir gegangen sind, um es zu erkunden, frisst seine Bewohner, und alles Volk, das wir darin sahen, sind Leute von hohem Wuchs.

Wir sahen dort auch Riesen, Anaks Söhne aus dem Geschlecht der Riesen, und wir waren in unsern Augen klein wie Heuschrecken und waren es auch in ihren Augen.

4. Mose 13: 31-33

Voller Angst waren sie zurückgekehrt und handlungsunfähig vor Furcht, waren sie schon besiegt! Allein durch ihren Glauben und ihre Einstellungen. Ebenso wie der größte Teil der Bevölkerung heute.

Doch genau wie heute gab es auch damals schon Menschen, die sich von aller Drohkulisse nicht beeindrucken ließen und mutig voranschritten:

Und Josua, der Sohn Nuns, und Kaleb, der Sohn Jefunnes, die auch das Land erkundet hatten, zerrissen ihre Kleider

und sprachen zu der ganzen Gemeinde der Israeliten: Das Land, das wir durchzogen haben, um es zu erkunden, ist sehr gut.

Wenn der HERR uns gnädig ist, so wird er uns in dies Land bringen und es uns geben, ein Land, darin Milch und Honig fließt.

Fallt nur nicht ab vom HERRN und fürchtet euch vor dem Volk dieses Landes nicht, denn wir wollen sie fressen wie Brot. Es ist ihr Schutz von ihnen gewichen, der HERR aber ist mit uns. Fürchtet euch nicht vor ihnen!

4. Mose 14: 6-9

Kaleb und Josua hatten die rechte Einstellung. Sie sähten Hoffnung anstelle von Resignation. Hoffnung und Gottvertrauen sind wie der Brennstoff für ein Feuer in einer gefährlichen Umgebung, einer bedrohlichen Wildnis in welcher lauernde Raubtiere nur durch ein Feuer vom Angriff abgehalten werden. Ein Feuer das Wärme und Licht spendet und vor dem jegliche Finsternis weichen muss. Sieh, anstatt auf die Drohungen und die Lügenpropaganda auf das Feuer des Heiligen Geistes, das dich vor jeder Krankheit, jedem Feind und jedem Mangel zu bewahren vermag. Das Feuer Gottes ist allerdings in den gleichgeschalteten Religionsverwaltungen die sich Kirche nennen nicht mehr zu finden. Bestenfalls bei vereinzelten Gemeinden die gegen den Strom schwimmen. Um mich den Worten des unten einsehbaren Interwiews mit Peter Hahne, den ich schon persönlich kennengelernt habe und der für mich vertrauenswürdig ist, anzuschließen: "Es sind satanische Sekten und die Politiker sind Irre." Gott ist allgegenwärtig und im eigenen Leben nur ein Gebet weit entfernt. Lasst uns die Feinde fressen wie Brot!

ANZEIGE

Aufruf zu mehr Klebebereitschaft von der
Gruppe der Harzanwender GoH (Gesellschaft ohne Haftung)

Der Genosse Weber war ein von seinen Eltern vernachlässigter,
verachteter Streber.
Nun hat er Aufmerksamkeit und Freunde,
denn er ist jetzt Klimakleber!

"Wir kleben die Welt nach unseren Vorstellungen."

Komm zu uns, werde Klimakleber!

Ist der gläserne Mensch halb voll oder halb leer?
Die Frage erübrigt sich,
denn die gläserne Menschheit ist bald nur noch ein Scherbenmeer.
Doch halt! Was ist das?
Man sieht einige aufrecht und vorsichtig darüberschreiten,
jene die sich entschlossen zur Gegenwehr.
Und die vermeiden sich zu schneiden ...

Der Optimist lehnt selbst eine halb volle Impfspritze ab,
Der Pessimist aber verlangt die fünffache Dosis.
Klebt ein Klimakleber erst einmal auf der Windschutzscheibe,
macht der Fahrtwind diese bald wieder frei.

Verwirf alles Verwerfliche!
Und ergreife das Unsterbliche!
Ein Vorwurf führt ins Verderbliche,
ein rechtes Wort in das nur durch Liebe
ererbliche.

Vom Glauben

Das leichtgläubig glaubende,
in seinem Glauben
sich selbst des Lebens und der Freiheit beraubende,

zurückschraubende, den Lügnern treue Schaf

ward nach einem Arztbesuch nicht mehr gesehen!

Ebenso jene applaudierenden Coronafeen,

Der Gottesgläubige hingegen,

ist heut noch am Leben!

Ich bin nicht ungeimpft, sondern ohne künstliche Zusatzstoffe.

Dies beeinflusst das Haltbarkeitsdatum erheblich!

Nur ein Narr achtet einen Narren. für größer als Gott!

Während sie noch am Tisch saßen, erging eine Botschaft des Herrn an den Propheten, der ihn mit zurückgenommen hatte. Er sagte zu dem Mann Gottes aus Juda: »So spricht der Herr: Du hast die Botschaft des Herrn missachtet und dem Gebot, das der Herr, dein Gott, dir gab, nicht gehorcht. Du bist an diesen Ort zurückgekehrt und hast gegessen und Wasser getrunken, obwohl er dir befohlen hatte: Iss und trinke dort nichts. Deshalb wird dein Leichnam nicht im Grab deiner Väter bestattet werden.« Als der Prophet aus Juda fertig gegessen und getrunken hatte, sattelte sein Gastgeber seinen eigenen Esel für ihn, und er machte sich wieder auf den Weg. Doch während er ritt, fiel ihn ein Löwe an und tötete ihn. Sein Leichnam lag auf der Straße und der Esel und der Löwe standen daneben. Leute kamen vorbei und sahen den Leichnam auf der Straße liegen und den Löwen daneben stehen und sie erzählten es in der Stadt, in der der alte Prophet lebte.

1. Könige 13,20-25

Wer hält sich heute noch an die Worte Gottes? Eine Gottlose Regierung in der die Sünde für unantastbar erklärt wird, vernichtet ein ganzes Volk.

Steht nicht geschrieben dass Homosexualität Gott ein Greuel ist?

Und wenn jemand bei einem Manne liegt, wie man beim Weibe liegt, so haben beide eine Greuelthat verübt; mit dem Tode sollen sie bestraft werden, Blutschuld haftet auf ihnen.

3. Mose 20:13

Ebenso ist der Genderwahn nicht nur sündig, sondern ein Greuel vor Gott.

Eine Frau soll nicht Männersachen tragen und ein Mann soll nicht Frauenkleider anziehen; denn wer das tut, der ist dem HERRN, deinem Gott, ein Gräuel

5. Mose 22:5

Was sich wie das Parteiprogramm einer uns allen bekannten Partei anhört und mittlerweile von den Massen die durch die Medien ihres Versandes beraubt, wie ein nutzloses Treibgut vom Wind hin- und herbetrieben werden als Normalität angesehen wird, ist in Wahrheit ihr Todesurteil. Es ist die Rebellion gegen Gott die furchtbare Konsequenzen haben wird. Für alle erkennbar braut sich auf der ganzen Welt ein nie dagewesener Sturm zusammen der das Urteil wuchtig vollstrecken wird. Doch anstatt umzukehren trägt man lieber Maske. Sie wird schon schützen. Anstatt sich vorzubereiten sieht man sich lieber die Quizschow im Fernsehen an. Die "Politiker" werden es schon richten. Jene Marionetten der finsteren Mächte die nichts als die Versklavung und das Verderben der Menschen im Sinn haben und die es nur ihrem Herrn dem Satan rechtmachen wollen, werden anstatt es zu richten noch weit mehr anrichten. Wehe jenen die nicht umkehren und ihr Leben Gott anvertrauen und bei ihm Schutz suchen. Und den doppelten Kelch des Zornes Gottes werden die eingeschänkt bekommen denen sie vertraut haben und die sie in den Abgrund geführt haben. Die Weisen aber, die mit einem Ruf nach Gott und seiner Hilfe diesen Morast, diese stinkende, faulige Flut von Gräueln die alles um sich herum mit in den Abgrund zieht, verlassen haben, werden leben!

Die Weisheit eines Narren ist nur noch größere Narrheit!
Wer einem Narren Glauben schenkt,
beraubt sich des Lebens.
Wer einen Narren. zum König wâhlt,
verwirft seine Zukunft.
Matthias 3:10

Achtung, Warnung vor baldiger Rodung!

Wundere dich nicht. Du bist eine kleine Zeit lang umgeben von
Lügnern, Geldgierigen,
Mördern und einer Menge von Gleichgültigen.
Die Opfer machen sie zu Schuldigen, Männer zu Frauen
jagen die Gottesfürchtigen, Aufrechten und in Liebe Geduldigen.
huldigen eine Genspritze die verwandelt Leben in Grauen

Wenig Verständige findet man noch im großen Menschengewimmel.

Es sind die zukünftigen Nachbarn im Himmel.

Die Wurzel des Gottlosen aber wird abgehauen!

Wer Frieden in Krieg verwandelt,

macht nicht nur sich zur Leiche.

Wo zwei Weltkriege möglich waren

ist ein Dritter natürlich unmöglich!

Leider wurde die grüne Abfalltonne

bei uns schon länger nicht mehr geleert.

Versicherung gegen jegliche Art der Schäden von zündelnten
Feuerteufeln

Da wurden diese Männer in ihren Mänteln, Hosen, Hüten und andern
Kleidern gebunden und in den glühenden Feuerofen geworfen. Weil das
Gebot des Königs so streng und der Ofen überaus heiß war, tötete die
Feuerflamme die Männer, die Schadrach, Meschach und Abed-Nego
hinaufbrachten

Und die Fürsten, Würdenträger, Statthalter und Räte des Königs kamen
zusammen und sahen, dass

das Feuer den Leibern dieser Männer nichts hatte anhaben können und
ihr Haupthaar nicht versengt und ihre Mäntel nicht versehrt waren; ja,
man konnte keinen Brand an ihnen riechen.

Daniel 3: 21,22,27

Denn so du durch Wasser gehst, will ich bei dir sein, daß dich die Ströme nicht sollen ersäufen; und so du ins Feuer gehst, sollst du nicht brennen, und die Flamme soll dich nicht versengen

Jesaja 43: 2

Auch wenn die Kirche, die heutigen Theologen, die wie der Name schon sagt schon immer logen, und in das Wort Gottes allen möglichen Unsinn hineindeuten, ist alles was Gott in seinem Wort sagt wörtlich zu nehmen. Es ist für Gott ein Leichtes auch in der derzeit an allen Ecken und Enden brennenden Welt die jede Sekunde explodieren kann und eine Unzahl von Gottlosen und mitlaufenden Schlafschafen verbrennen und verdampfen lassen wird, jene die ihm folgen unbeschadet und ohne dass ihre Kleidung auch nur nach Rauch riecht durch die kommenden Geschehnisse zu tragen. Leider ist der Großteil der Menschen durch Medien und die Manipulation der Satanisten so gesteuert dass sie imun gegen die Wahrheit geworden sind. Wer angesichts der Bedrohungen unter Schlaflosigkeit leidet kann beginnen sie zu zählen und wird vor dem Ergebnis einschlafen.

Es ist nur noch eine kleine Zeit bis der Funke der längst angezündeten Lunte, die jetzt so nah am Pulverfass abbrennt, dass es zu spät für jeden Löschungsversuch ist, das Fass zur Explosion bringen wird. Ich empfehle möglichst schnell eine Brandschutz Versicherung bei Gott abzuschließen!

Jesus Christus gestern und heute und derselbe auch in Ewigkeit
Hebräer 13:8

Sie arbeiten gegen dich. Geh aus der Grube!

Ein unbekannter Autor hat einmal geschrieben: Wer anderen eine Grube gräbt, fällt nicht nur selbst hinein, sondern steht beim graben längst schon drin. Dumm nur für all jene welche den Totengräbern bedenkenlos hinab gefolgt sind, die großen Massen die ihnen auch noch Spaten, Kost und Glauben geschenkt haben und in den Tiefen des Erdreichs, das sie nunmehr nicht mehr freigibt, ahnungslos ihren Gewohnheiten nachgehen, während an der Oberfläche die Auftraggeber schon mit Radladern anrücken um mit den Erdmassen die Grube zuzuschütten, einzuebnen und darauf ein Gebäude nach ihren Vorstellungen zu errichten.

Versunken sind die Nationen in die Grube, die sie gemacht; in dem Netz, das sie versteckt haben, hat sich ihr ⟨eigener⟩ Fuß gefangen.

Psalm 9:16

Ein Netz haben sie meinen Schritten gestellt, er hat meine Seele gebeugt. Sie haben vor mir eine Grube gegraben, sie sind mitten hineingefallen.

Psalm 57:7

Sie werden eingesperrt, wie man Gefangene in die Grube einsperrt, ja, sie werden in den Kerker eingeschlossen und nach vielen Tagen heimgesucht werden.

Jesaja 24:22

Lass die Flut des Wassers mich nicht fortschwemmen und die Tiefe mich nicht verschlingen; und lass die Grube ihren Mund nicht über mir verschließen.

Psalm 69:16

Sie rotten sich gegen die Seele des Gerechten zusammen, und unschuldiges Blut sprechen sie schuldig. Doch der HERR wurde mir zur Burg, mein Gott zum Fels meiner Zuflucht. Er lässt ihre Ungerechtigkeit zu ihnen zurückkehren, und in ihrer Bosheit wird er sie zum Schweigen bringen[8]. Zum Schweigen bringen wird sie der HERR, unser Gott.

Psalm 94: 21-23

Diese momentanen grausamen Hungerspiele erinnern mich an das Spiel:

Die Reise nach Jerusalem; denn durch die von der Regierung geschaffene Situation lassen sich in meinem Umfeld jetzt auch Impfgegner gezwungenermaßen impfen.

Die schon als missionarisch zu bezeichneten Geimpften sind noch das kleinste Übel.

Wichtig ist es jetzt keine Furcht zu haben und nicht in der Lüge des Satans, sondern in der Wahrheit Gottes zu leben.

Wer ständig auf die Terrorpropaganda der Medien starrt, ist bald gelähmt wie ein vor Schreck erstarrtes Beutetier, das in die kalten Augen einer Schlange starrt.

Wer hingegen auf die Gedanken und Verheißungen des allmächtigen Gottes schaut, sieht, wie ein Mungo der eine Kobra überwindet, auf seine Talente und Möglichkeiten und besteht in jeglicher Gefahr.

Sieh auf die Aussagen Gottes: Geh hin; dir geschehe, wie du geglaubt hast.

Matthäus 8: 13

Habe ich dir nicht geboten: Sei getrost und unverzagt? Lass dir nicht grauen und entsetze dich nicht; denn der HERR, dein Gott, ist mit dir in allem, was du tun wirst.

Josua 1: 9

Menschenfurcht ist ein Fallstrick; wer aber auf den Herrn vertraut, der ist geborgen.

Sprüche 29: 25

Und wenn ihr auch leidet um der Gerechtigkeit willen, so seid ihr doch selig.

Fürchtet euch nicht vor ihrem Drohen und erschreckt nicht.

1. Petrus 3: 25

Wenn du in einen Krieg ziehst wider deine Feinde und siehst Rosse und Wagen eines Volks, das größer ist als du, so fürchte dich nicht vor ihnen; denn der HERR, dein Gott, der dich aus Ägyptenland geführt hat, ist mit dir.

5. Mose 20: 1

Auch ein Schritt in Furcht gegangen bringt einen aus der Gefahr.

Es ist ein mutiger Schritt.

Ein von Gott gegebener klarer Verstand ist wertvoller
als tausend Bibliotheken mit gesammeltem menschlichem Wissen.

Derjenige, der die Gefahr erkennt, folgt nicht mehr der Masse, die ihr
entgegeneilt und steht noch, wenn diese fällt.

Ich muss mich heute wohl wieder äußerst verdächtig gemacht haben,
denn ich bin anstatt geboostert mit Maske auf dem Lastenrad, ungeimpft
ohne Maske mit einem Zweitakter in die Stadt gefahren. Die Heizung
habe ich wie immer aufgedreht und heute Mittag, im Gedenken an die
Grünen, nicht ohne Anstrengung, zwei Stück Fleisch gegessen. Ich habe
weder die Ukraine bejubelt noch Waffenlieferungen befürwortet und
meinen Einkauf habe ich bar bezahlt. Ich hoffe der Verfassungsschutz
hat mich nicht gesehen.

An ihren Früchten sollt ihr sie erkennen. Kann man auch Trauben lesen
von den Dornen oder Feigen von den Disteln?

Matthäus 7: 16

Wen erkennt man an den Früchten wie Spaltung, Angst, plötzlichen
unerwarteten Todesfâllen, absolute Kontrolle und Freiheitsentzug für das
Volk? Richtig, jene die vorgeben an der Gesundheit der Menschen
interessiert zu sein und die in Wahrheit von langer Hand die Reduzierung

der Weltbevölkerung und die Herrschaft ihres Gottes des Antichristen geplant haben.

Wo warst du an dem Tag als das System zusammengebrochen ist? Ich erinnere mich noch genau daran, dass ich an jenem Tag als ich in den Nachrichten von dem weltweiten Börsencrash erfuhr, zunächst den nächsten Supermarkt aufsuchte um noch ein letztes Mal einzukaufen. Doch die Menschen dort merkten immer noch nichts. Obwohl mittlerweile immer mehr durchgesickert war dass die Masken hochgiftig waren und die immer größer werdende Zahl von den Impftoten sich nicht länger verheimlichen ließ, trugen sie diese peinlichste genau über Nase und Mund gestülpt um sich mit jedem Atemzug selbst um weitere Lebenseit zu berauben. Gerade noch rechtzeitig konnte ich den Markt verlassen, denn schon einige Minuten später, ging gar nichts mehr, weil zu allem Überfluss auch noch der schon lange zu erwartende Blackout eintrat und die Geschäfte und Tankstellen nicht mehr funktionierten. Ich vermute dass dies mit Absicht geschah. Doch selbst jetzt glaubte die Masse dass dies alles nur vorübergehend sei und bis zum nächsten Tag behoben werden wurde. Ihnen war nicht mehr zu helfen und dass von ihnen kaum einer überlebt hat ist ja mittlerweile hinreichenend bekannt. Das waren also die Früchte der Gottlosigkeit, der Kindestötungen schon im Mutterleib um sie unter anderem zu der hochgiftigen Brühe zur Kennzeichnung und Bevölkerungsregulierung seitens der Herrschenden zuzubereiten. Die Früchte von der Abschaffung der natürlichen Geschlechter und der Schaffung von unzähligen Alternativen sowie von den absurdesten Identifizierungsmöglichkeiten die nur in einer kranken Fantasie existierten und Frankenstein hâtten jubeln lassen.

Wie verblendet müssen die Menschen damals gewesen sein, die mit Sicherheitsgurt und Airbag Auto fuhren und die sich vertraglich gegen allerlei mögliche Ereignisse versicherten, aber die echte Versicherung desjenigen der alles in der Hand hält nicht für nötig hielten und ablehnten? Und jene Politiker die in ihrem Größenwahn die Ordnungen Gottes abschaffen und durch ihre perversen teuflischen Phantasien ersetzen wollten und deren Leben doch nicht mehr als ein kleiner Hauch war?

Der Mensch gleicht einem Hauch; seine Lebenstage sind wie ein Schatten, der vorüberfährt.

Psalm 144:4

Irret euch nicht! Gott lässt sich nicht spotten. Denn was der Mensch sät, das wird er ernten.

Wer auf sein Fleisch sät, der wird von dem Fleisch das Verderben ernten; wer aber auf den Geist sät, der wird von dem Geist das ewige Leben ernten.

Galater 6: 7,8

Wenn du durchs Wasser gehst, ich bin bei dir, und durch Ströme, sie werden dich nicht überfluten; wenn du durchs Feuer gehst, wirst du nicht versengt werden, und die Flamme wird dich nicht verbrennen.

Jesaja 43: 2

Wo warst du an jenem Tage?
Ich war in Gott.

Wir sehen uns in der Zukunft!

Viehtransport zum Schlachthof

Und wie es geschah in den Tagen Noahs, so wird's auch sein in den Tagen des Menschensohns:
27
Sie aßen, sie tranken, sie heirateten, sie ließen sich heiraten bis zu dem Tag, an dem Noah in die Arche ging und die Sintflut kam und brachte sie alle um.
28

Ebenso, wie es geschah in den Tagen Lots: Sie aßen, sie tranken, sie kauften, sie verkauften, sie pflanzten, sie bauten;
29
an dem Tage aber, als Lot aus Sodom ging, da regnete es Feuer und Schwefel vom Himmel und brachte sie alle um.

Lukas 17: 26- 29

Die Menschen haben sich in keinster Weise verändert. Obwohl die Krise mittlerweile sogar offiziell angekündigt wird, interessiert. es sie nicht im geringsten und sie traben wie eine Herde Vieh, mit durch die Impfungen und die Medien geschaffene Herdenimunität für die Realität, unbeirrt in ihrem gewohnten Trott weiter und zögern nicht den Schritt am Rande des Abgrundes zu gehen. Ihre satanischen Führer lachen sich dabei ins Fäustchen und feiern kostspielige und ausschweifende Feste. Denn die Masse hat ihre teuflischen Ideologie und ihre Lügen ebenso angenommen wie jene Schweineherde dien Damon der sie augenblicklich in die Tiefe stürzte.

Und er sprach zu ihnen: Geht hin! Sie aber fuhren aus und fuhren in die Schweine. Und siehe, die ganze Herde stürzte sich den Abhang hinab in den See, und sie kamen um in dem Gewässer.

Matthias 8:32

Wie einst Jesaja kann man auch heute rufen:

wer glaubt unserm Predigen? Und wem ist der Arm des Herrn offenbart?« 39Darum konnten sie nicht glauben, denn Jesaja sagte wiederum (Jes 6,9-10): 40» Er hat ihre Augen verblendet und ihr Herz verstockt, dass sie mit den Augen nicht sehen noch mit dem Herzen verstehen und sich bekehren und ich ihnen helfe.«

Johannes 12: 38-40

Laut übertönt die Marschmuseum der in den Untergang Marschieren die Warnungen und Rufe Gottes:

Mir gefällt es nicht, wenn ein Mensch sterben muss, spricht Jahwe, der Herr. Kehrt also um, damit ihr am Leben bleibt!

Hesekiel 18:32

Wie eine Wolke fege ich deine Verfehlungen weg,
wie einen Nebel deine Sünden.
Kehr zu mir um,
denn ich habe dich erlöst!

Jesaja 44:41

Es sind nur noch wenige Wochen bis zur Umsetzung des nächsten
Punktes des teuflischen Plans
Sei vorbereitet!

Viehtransport zum Schlachthof

Und wie es geschah in den Tagen Noahs, so wird's auch sein in den
Tagen des Menschensohns:
27

Sie aßen, sie tranken, sie heirateten, sie ließen sich heiraten bis zu
dem Tag, an dem Noah in die Arche ging und die Sintflut kam und
brachte sie alle um.
28
Ebenso, wie es geschah in den Tagen Lots: Sie aßen, sie tranken, sie
kauften, sie verkauften, sie pflanzten, sie bauten;
29
an dem Tage aber, als Lot aus Sodom ging, da regnete es Feuer und
Schwefel vom Himmel und brachte sie alle um.

Lukas 17: 26- 29

Die Menschen haben sich in keinster Weise verändert. Obwohl die Krise
mittlerweile sogar offiziell angekündigt wird, interessiert. es sie nicht im
geringsten und sie traben wie eine Herde Vieh, mit durch die Impfungen
und die Medien geschaffene Herdenimunität für die Realität, unbeirrt in
ihrem gewohnten Trott weiter und zögern nicht den Schritt am Rande des
Abgrundes zu gehen. Ihre satanischen Führer lachen sich dabei ins
Fäustchen und feiern kostspielige und ausschweifende Feste. Denn die
Masse hat ihre teuflischen Ideologie und ihre Lügen ebenso

angenommen wie jene Schweineherde dien Damon der sie augenblicklich in die Tiefe stürzte.

Und er sprach zu ihnen: Geht hin! Sie aber fuhren aus und fuhren in die Schweine. Und siehe, die ganze Herde stürzte sich den Abhang hinab in den See, und sie kamen um in dem Gewässer

Matthias 8:32

Wie einst Jesaja kann man auch heute rufen:
, wer glaubt unserm Predigen? Und wem ist der Arm des Herrn offenbart?« 39Darum konnten sie nicht glauben, denn Jesaja sagte wiederum (Jes 6,9-10): 40»Er hat ihre Augen verblendet und ihr Herz verstockt, dass sie mit den Augen nicht sehen noch mit dem Herzen verstehen und sich bekehren und ich ihnen helfe.«

Johannes 12: 38-40

Laut übertönt die Marschmuseum der in den Untergang Marschieren die Warnungen und Rufe Gottes:

Mir gefällt es nicht, wenn ein Mensch sterben muss, spricht Jahwe, der Herr. Kehrt also um, damit ihr am Leben bleibt!

Hesekiel 18:32

Wie eine Wolke fege ich deine Verfehlungen weg,
wie einen Nebel deine Sünden.
Kehr zu mir um,
denn ich habe dich erlöst!

Jesaja 44:41

Es sind nur noch wenige Wochen bis zur Umsetzung des nächsten
Punktes des teuflischen Plans
Sei vorbereitet!

Der Topf kocht über

Ihr werdet hören von Kriegen und Kriegsgeschrei; seht zu und erschreckt
nicht. Denn es muss geschehen. Aber es ist noch nicht das Ende. Denn
es wird sich ein Volk gegen das andere erheben und ein Königreich
gegen das andere; und es werden Hungersnöte sein und Erdbeben hier
und dort. Das alles aber ist der Anfang der Wehen.

Matthäus 24: 6-8

Wer glaubt dass es noch zu einer Deeskalation im Ukraine Krieg, einer
Verwerfung der geplanten Impfpflicht oder einer Erholung der Wirtschaft
kommen wird , lebt in einer dünnen Blase die bald abrupt zerplatzen wird.
Angestochen von den sich immer mehr häufenden Stichen der Realität
welche dieselbige bald mit einem lauten Knall zerbersten lassen werden.
Die Wehen haben begonnen und soviel ich weiß werden Wehen immer
stärker und schmerzhafter bis sie schließlich mit einer Geburt enden. Es
gibt Pausen dazwischen was den Blasenträger annimiert zu versuchen
seine Blase anderen überzustülpen ohne zu merken dass diese Blase
lediglich ein kurzes Blubbern in einer üblen, giftigen kochenden Brühe
ist. Einer Brühe gebraut aus Gottlosigkeit, Lieblosigkeit, Gier, Hinterlist
und Gleichgültigkeit.

Darum spricht der HERR HERR: O der mörderischen Stadt, die ein solcher Topf ist, da das Angebrannte drinnen klebet, und nicht abgehen will! Tue ein Stück nach dem andern heraus, und darfst nicht darum losen, welches erst heraus soll.

Hesekiel 24:6

Denn das Lachen des Narren ist wie das Krachen der Dornen unter den Töpfen; und das ist auch eitel

Prediger 7:6

Bald schon wird der Topf mit seinem gesamten Inhalt ausgeschüttet werden und jene die ihn zum Kochen gebracht haben bis zur Unkenntlichkeit versengen. Sieh zu dass du außer Reichweite bist.

Und da es das dritte Siegel auftat, hörte ich das dritte Tier sagen: Komm! Und ich sah, und siehe, ein schwarzes Pferd. Und der daraufsaß, hatte eine Waage in seiner Hand.

Und ich hörte eine Stimme unter den vier Tieren sagen: Ein Maß Weizen um einen Groschen und drei Maß Gerste um einen Groschen; und dem Öl und Wein tu kein Leid!

Offenbarung 6: 5,6

Ist der Reiter des schwarzen Pferdes bereits auf dem Weg oder sogar schon angekommen? Ich denke er ist eher schon wieder auf dem Rückweg, denn die von ihm ausgegossene Zornschale Gottes hat bereits schon ein weltweites Feuer entfacht.. Wir befinden uns in der größten Krise der Menschheit und auf deren Höhepunkt werden nicht nur Lebensmittel fast unbezahlbar sein. Ein Maß Weizen um einen Groschen und drei Maß Gerste um einen Groschen; (das entspricht etwa dem Tageslohn eines damaligen Arbeiters, umgerechnet auf die heutige Zeit wird ein Brot 50 Euro kosten!) und dem Öl und Wein tu kein Leid! Öl und Wein symbolisieren die Luxusgüter und das Leben der Reichen, die sich in ihren Zirkeln und geheimen Machenschaften für unfehlbar halten, zum jetzigen Zeitpunkt noch nicht angetastet werden. Genau das sehen wir spätestens seit Beginn der, Coronakrise genannten, verstärken Bestrebungen eifrig die Wahrheit zu verschleiern und ebenso die Weltbühne für den Antichristen zu zimmern. Die Reichen (die in der Bibel genannte Hure Babylon, sprich die Illuminaten, die zu einem späteren Zeitpunkt den doppelten Kelch des Zornes Gottes eingeschenkt bekommen werden, wurden noch reicher, die Armen noch ärmer und viele verloren ihre Existenz und eine noch größere Anzahl wird ein Raub des folgenden Reiters werden. Es ist höchste Zeit Gott anzurufen und sich unter seinen Schutz zu stellen indem man ihn aufrichtig darum bittet. Denn als nächstes folgt der Reiter auf dem fahlen Pferd:

Und ich sah, und siehe, ein fahles Pferd. Und der daraufsaß, des Name hieß Tod.

Offenbarung 6:8

Verlasse die Todeskarawane!

In atemberaubender Geschwindigkeit geht es dem Ende entgegen. Atemberaubend sind auch die Masken bzw. ihre Träger. Als ich vor kurzem in einer Fußgängerzone ein paar Fachgeschäfte aufsuchte und dabei mit Leichtigkeit die 2G Regel umgehen konnte, sah ich einen Mann der eine Flasche Bier unter seine Maske schob um daraus zu trinken. Im Freien, in einer Fußgängerzone!

Unwillkürlich kommt mir dabei der Bibelvers in den Sinn: Der Dieb kommt nur, um die Schafe zu stehlen, zu schlachten und ins Verderben zu stürzen. Ich aber bin gekommen, um ihnen das Leben zu geben, Leben im Überfluss.«

Johannes 10.10.

Anschaulich konnte man in dieser Einkaufsstraße beobachten wie sehr die Menschen schon bestohlen wurden Beraubt ihrer Identität, ihrer Freiheit, ihres Willens, ihres Lebens, Lächelns und sogar ihrer Atemluft. Je mehr sie sich bestehlen lassen, umso mehr wird ihnen genommen werden. Denn der Dieb - Satan wird nicht einhalten bis er auch den letzten der willenlosen, gutgläubigen, ich muss leider sagen Narren, verschlungen hat. Ich habe den Eindruck dass er sich zur weiteren Umsetzung dieses Plans jetzt die allerübelsten und die ideologisch am verblendetesten Gestalten die er finden konnte ausgesucht hat. Die jetzt ungebremst ihre Geltungssucht, ihren Sadismus und ihre große Dummheit ausleben und nicht zuletzt sogar in der ganzen Welt repräsentieren können. Mit aller Gewalt treiben sie die biometrische Kennzeichnung der Menschen voran und da diese zur Zeit ein Verfallsdatum von 6 Monaten hat, die Folgeimpfungen. Und mit allen Mitteln wollen sie auch die letzten dazu antreiben in die Todeskarawane einzutreten und freudig mitzulaufen. Von einer "Herdenimmunität" reden sie schon gar nicht mehr, sondern sie haben längst angefangen offen zu drohen. Doch der Teufel bläht sich nur auf, denn er ist schon besiegt und jene welche den Ruf Gottes hören sind nicht auf die Angstkulisse und Lügenpropaganda hereingefallen. Denn Gott ruft alle Menschen:

"Verlasset die Todeskarawane solange es noch geht. Klopft an so wird euch aufgetan. Erkennt dass ich der Herr bin:"

Wir wissen aber: Der Sohn Gottes ist gekommen und er hat uns Einsicht geschenkt, damit wir (Gott) den Wahren erkennen. Und wir sind in diesem Wahren, in seinem Sohn Jesus Christus. Er ist der wahre Gott und das ewige Leben.

1. Joh. 5: 20

Wer sein Leben in die Hand Gottes Jesus Christus legt hat jetzt schon das ewige Leben, denn Jesus hat alles trennende zwischen Gott und den Menschen beseitigt, hat alle Schuld des Menschen auf sich genommen. Es ist aber eine bewusste Entscheidung des Einzelnen ob er das Angebot Gottes annimmt. Wer dies tut und damit in Christus ist, bei dem wird Gott nichts zulassen was nicht in seinem Willen ist. Er steht unter dem Schutz und der Versorgung Gottes. Selbst Hiob hat am Schluss das doppelte von dem was der Teufel ihm geraubt hat zurückerhalten. Der Gottlose und all jene kritiklosen Mitläufer aber sind dem Gericht Gottes ausgesetzt. Am Schluss werden jedoch alle, ob Gläubigen zum Segen, aber Gottlosen zum Gericht, an erster Stelle das Volk Israel, erkennen das Gott der Höchste ist.

so werden sie erkennen, daß du mit deinem Namen heißest HERR allein und der Höchste in aller Welt.

Psalm 10 13

Denn wer mit dem Herzen glaubt, wird gerecht; und wer mit dem Munde bekennt, wird selig.

Denn die Schrift spricht (Jesaja 28,16): »Wer an ihn glaubt, wird nicht zuschanden werden.«

Es ist hier kein Unterschied zwischen Juden und Griechen; es ist über alle derselbe Herr, reich für alle, die ihn anrufen.

Denn »wer den Namen des Herrn anruft, wird selig werden« (Joel 3,5).

Römer 10 : 11-13

Jene die in Eigenverantwortung und Voraussicht vorgesorgt und Vorräte angelegt haben, können sich jetzt bedenkenlos solidarisch und menschlich beim Einkaufen zeigen. Die anderen die sie dafür ausgelacht haben hingegen offenbaren nun hren Charakter und können, sobald sich die Lage verschärft, schnell zu Feinden werden. Doch der Kluge hat auch dieses bedacht. Denn echtes Leben bedeutet im Vertrauen auf Gott miit der Gewissheit seines Schutzes loszugehen und dass zu tun was man kann. Das Unmöglich wird er dann erledigen.

Wie ein Pflüger und Schnitter geh auf sie zu / und warte auf ihren reichen Ertrag! Du wirst in ihrem Dienst nur wenig Mühe haben

Sirach 6:19

[So spricht der Herr:]Verflucht der Mann, der auf Menschen vertraut, / auf schwaches Fleisch sich stützt / und dessen Herz sich abwendet vom Herrn. Er ist wie ein kahler Strauch in der Steppe, / der nie einen Regen kommen sieht; er bleibt auf dürrem Wüstenboden, / im salzigen Land, wo niemand wohnt.

Jeremia 17:5,6

Siegreich durch die Krise!

Und als sie ihn hinausgebracht hatten, sprach der eine: Rette dein Leben und sieh nicht hinter dich, bleib auch nicht stehen in dieser ganzen Gegend. Auf das Gebirge rette dich, damit du nicht umkommst

Und sein Weib sah hinter sich und ward zur Salzsäule.

1. Mose 19:17,26

Inmitten von hypnotisieren Maskenträgern komme ich mir langsam vor wie Lot in Sodom und Gomorra und wenn meine eigene Fau mich als Querdenker beschimpft, sogar wie Hiob, dessen Frau ihm riet Gott abzuschwören und zu sterben.

…Und er nahm eine Scherbe und schabte sich und saß in der Asche. Und sein Weib sprach zu ihm: Hältst du noch fest an deiner Frömmigkeit? Ja, sage Gott ab und stirb! Er aber sprach zu ihr: Du redest, wie die närrischen Weiber reden. Haben wir Gutes empfangen von Gott und sollten das Böse nicht auch annehmen? In diesem allem versündigte sich Hiob nicht mit seinen Lippen.

Hiob 2: 8- 10

Die Menschen sind zu Salzsäulen erstarrt. Sie sind erstarrt weil sie die falsche Blickrichtung eingeschlagen haben. Sie haben ihren Blick auf Lügen, Sünde, Greuel, Angst, Größenwahn und Gotteslâsterung gerichtet, anstatt auf die Allmacht Gottes, der für jedes Problem die Lösung hat und Sieger ist. Auch ich war zunächst, ganz am Anfang der "Pandemie'" total verunsichert, aber wie mittlerweile ja schon hinreichenend bekannt ist war dies nur der Startschuss zu der beispiellosen Panik- und Lügenpropaganda zum Zweck des Aufbaus eines totalitären Regimes und der Weltherrschaft. Dem Reich des Antichristen. Es war das Startsignal zum Endspurt im Wettlauf von Gut und Böse, der aber, Gott sei Dank, ein wenig unfair ist, da der Sieger schon feststeht-Jesus Christus, zusammen mit allen die er über die Ziellinie trägt. Zuvor gilt es jedoch den angesagten Hürdenlauf zu bewältigen und in Bewegung zu bleiben. Die starren Salzäulen aber werden einfach dahin abtransportiert wo man sie hinstellen will. Wir aber sind noch bewegungsfâhig und sollten den Lauf vollenden und den Sieg ergreifen.

Der Klimakleber war ein willkommener Fund,

für den streunenden wütenden Hund.

Daß sich nicht fortbewegen konnte die Beute

den Hund besonders freute

Den Klimaktivisten sein Handeln schnell gereute

als er sah die eiligst herbeigebellte

herannahende Hundemeute

die hocherfreute.

Ein Opfer des Klimawandels munkelten

bei ihren späteren Untersuchungen

die Experten und Fachleute.

Ein gedeckter Tisch mitten in einem Käfig voller Narren

Wer von ganzem Herzen auf Gott vertraut und ihm folgt der ist frei. Frei auch von den Dingen die um uns herum geschehen, denn die Worte Gottes die als unverückbare unüberwindbare Felsenwand inmitten der Ereignisse stehen sagen:

Er Feindebereitet mir einen Tisch im Angesicht meiner Feinde.

Psalm 23:5

Und fallsen auch 1000 zu meiner linken und zehntausend zu meiner rechten

so wird es mich nicht treffen.

Psalm 91:7

Keiner Waffe die gegen mich gerichtet wird, wird es gelingen mich zu treffen.

Jesaja 54:17

Befiehl dem HERRN deine Werke, so wird dein Vorhaben gelingen (Alles was ich mit meinen Händen anfasse es wird mir gelingen).

Sprüche 16:3

Ich vermag alles durch den der mich mächtig macht Jeshua Hamashiach (Jesus Christus) in mir.

Philipper 4:13

Wer diese Worte glaubt und über seinen Umständen ausspricht bis diese ebenso real bzw. noch realer werden als die Eindrücke der Welt, welche den natürlichen Menschen prägen und zum Spielball der. Umstände werden lassen, wird diese Verheißungen erleben und sich in der Realität Gottes bewegen.

Bewegen muss man sich allerdings ...

Der apokalyptische Reiter auf dem weißen Pferd

Und als ich mich umwandte, sah ich sieben goldene Leuchter und mitten unter den Leuchtern einen, der war einem Menschensohn gleich, der war angetan mit einem langen Gewand und gegürtet um die Brust mit einem goldenen Gürtel.

Sein Haupt aber und sein Haar war weiß wie weiße Wolle, wie Schnee, und seine Augen wie eine Feuerflamme

und seine Füße gleich Golderz, wie im Ofen durch Feuer gehärtet, und seine Stimme wie großes Wasserrauschen;

und er hatte sieben Sterne in seiner rechten Hand, und aus seinem Munde ging ein scharfes, zweischneidiges Schwert, und sein Angesicht leuchtete, wie die Sonne scheint in ihrer Macht.

Und ich sah den Himmel aufgetan; und siehe, ein weißes Pferd. Und der daraufsaß, hieß Treu und Wahrhaftig, und er richtet und streitet mit Gerechtigkeit. Seine Augen sind wie eine Feuerflamme, und auf seinem Haupt viele Kronen

Offenbarung 1: 12 - 16, Offenbarung 19: 11,12

Die Person die hier beschrieben wird, der Reiter des weißen Pferdes, ist Jesus Christus. Der Sohn Gottes dem alle Macht gegeben ist und der alljährlich in der Welt als kleines hilfloses Baby dargestellt wird. Aber er ist längst erwachsen geworden und wer ihm begegnet, begegnet dem großen allmächtigen Gott in all seiner Herrlichkeit. Doch die Welt hat ihn nicht erkannt und aus ihrem Bewustsein verdrängt. Für sie kommt er als Richter. Die Mehrzahl der Menschen folgt lieber den Suggestionen der Medien und der im Hintergrund wirkenden Zirkel und dunklen Mächte der Illuminaten, die zur Verwirklichung ihrer Ziele mit den Impfungen die

Bevölkerung reduzieren bzw. zur totalen Überwachung digital kenntlich machen wollen und letztendlich die Menschheit ins Verderben führen werden. Doch warum greift Gott noch nicht ein ? Warum lässt er diesen scheinbar fast undurchdringbaren Schleier, diesen alles verdeckenden Nebel über dem Denken eines Großteils der Menschheit zu? Ganz einfach, weil die Menschen diesen Weg selbst gewählt haben und an diesem festhalten wollen. Gott ist dennoch allgegenwärtig und nimmt jeden freudig in die Arme der umdreht und sich ihm zuwendet. Aber wer dies nicht tut und in dem nun immer größer werdenden Chaos nicht auf ihn, sondern auf Menschen und Regierungen vertraut und von diesen gar Lösungen erwartet, schaufelt sich sein eigenes Grab. Die Zeit in der Gottes Zorn über die gesamte Welt kommen wird ist mehr als nah und die ersten Zornschalen sind schon ausgegossen. Das Finanzsystem mit allen Scheinsicherheiten wird bald fallen und die Natur beginnt sich in immer größeren Maße gegen des Menschen Überheblichkeit aufzubäumen Doch das ist erst der Anfang. Nur wer unter dem Schild Jesu Christi steht, bleibt vor dem Zorn Gottes verschont.

Wenn du mit deinem Mund bekennst, dass Jesus der Herr ist, und wenn du in deinem Herzen glaubst, dass Gott ihn von den Toten auferweckt hat, wirst du gerettet werden. Denn durch den Glauben in deinem Herzen wirst du vor Gott gerecht, und durch das Bekenntnis deines Mundes wirst du gerettet.

Römer 10: 9,10

Heute habe ich gelesen: Ein gratis Döner für eine Impfung. Ist das noch Realität oder leben wir mittlerweile mitten in einer Satire. Es erinnert mich an den in der Bibel erwähnten Esau, der für einen Teller Suppe sein Erstgeburtsrecht, also seine ihm bestimmte Zukunft verschleuderte.

... dass keiner unzüchtig ist oder gottlos wie Esau, der für eine einzige Mahlzeit sein Erstgeburtsrecht verkaufte

Hebr. 12: 16

Doch hier geht es um viel mehr als wie im Fall Esau um den Verlust des Erbes, sondernes geht um das eigene Leben, die eigene Freiheit und nicht zuletzt die eigene DNA, die sich seit der Entdeckung der Genschere Crisper-Cas9 im Jahr 2018 beliebig, auch durch eine Impfung, verändern lässt. Es können Gene gezielt bearbeitet, das heißt entfernt, eingefügt und verändert werden. Dabei muss nur eine RNA verändert werden

So ergibt der Begriff Zombie-Apokalypse, den ich bisher für verrückt hielt, plötzlich einen Sinn. Denn die DNA ist der von Gott gegebene Schlüssel für das Leben, der Grundbaustein der eigenen Seele.

Und Gott sprach: Lasst uns Menschen machen nach unserem Bild, uns ähnlich; die sollen herrschen über die Fische im Meer und über die Vögel des Himmels und über das Vieh und über die ganze Erde, auch über alles Gewürm, das auf der Erde kriecht!

1. Mose1: 26

Mit der Genschere Chrisper ließe sich der Mensch neu, von dämonischen Menschen nach ihrem Bilde schaffen und gleichzeitig die Bevölkerung reduzieren. Es ließe sich eine Herde von idealen, jeglicher Vorstellung der Herrschenden entsprechenden Untertanen schaffen. Selbstverständlich mit einer Herdenimmunität. Was für ein teuflischer Plan. Doch dieser Plan ist letztendlich schon zum scheitern verurteilt, denn der Plan Gottes wird sich erfüllen:

Der HERR Zebaoth hat geschworen: Wie ich es erdacht habe, so ist es geschehen, und was ich beschlossen habe, das kommt zustande, Denn ich weiß, was für Gedanken ich über euch habe, spricht der Herr, Gedanken des Friedens und nicht des Unheils, um euch eine Zukunft und eine Hoffnung zu geben.

Jeremia 29: 11

Wofür entscheidest du dich?

Für den Plan Gottes, für das Leben und den Widerstand gegen die Verführer der Endzeit und ihre Lügen?

Oder doch lieber für eine Bratwurst und die Bequemlichkeit mit allen Konsequenzen?

Denn wenn du mit deinem Munde bekennst, dass Jesus der Herr ist, und glaubst in deinem Herzen, dass ihn Gott von den Toten auferweckt hat, so wirst du gerettet. Denn die Schrift spricht Wer an ihn glaubt, wird nicht zuschanden werden.

Römer 10: 9, 11

Die Gefahr wird immer größer und die Lage scheint schon aussichtslos. Das ist sie auch für all jene die den Lügen Glauben schenken und in die Marionetten des Satans vertrauen die nur äußerlich wie Menschen aussehen, im Inneren jedoch machtsüchtige, unmenschliche Sadisten sind und die zur Verwirklichung ihrer Ziele beständig Angst und Schrecken verbreiten. Die heute dies und wenige Wochen später genau das Gegenteil beschwören. Den Lügen zu glauben kostet das eigene Leben! Jeder aufrichtige Mensch muss diesen Verbrechern zurufen:

Ihr seid von dem Vater, dem Teufel, und nach eures Vaters Lust wollt ihr tun. Der ist ein Mörder von Anfang und ist nicht bestanden in der Wahrheit; denn die Wahrheit ist nicht in ihm. Wenn er die Lüge redet, so redet er von seinem Eigenen; denn er ist ein Lügner und ein Vater derselben.

Johannes 8:44

Momentan findet der Kampf noch hauptsächlich in der eigenen Gedankenwelt statt. Wer sich beeindrucken und in Angst und Panik versetzen lässt hat schon verloren. Wer hingegen auf die Aussagen und Gedanken Gottes vertraut lebt in Zuversicht und Kraft und damit schon im Sieg! Lebe in der Gegenwart, in jedem einzelnen Tag für sich und nicht in düsteren Zukunftsedanken und Sorgen. Denn es wird ohnehin anders kommen!

Wenn du gegen deinen Feind in den Krieg ziehst und Rosse und Streitwagen siehst, ein Volk, das größer ist als du, so fürchte dich nicht vor ihnen; denn der Herr, dein Gott, der dich aus dem Land Ägypten heraufgeführt hat, ist mit dir.

1. Mose 20: 1

1 Korinther 15:57

Gott aber sei Dank, der uns den Sieg gegeben hat durch unsern HERRN Jesum Christum!

Römer 8:37

Aber in dem allem überwinden wir weit um deswillen, der uns geliebet hat.

Matthias 3:10

Achtung, Warnung vor baldiger Rodung!

Wundere dich nicht. Du bist eine kleine Zeit lang umgeben von

Lügnern, Geldgierigen,

Mördern und einer Menge von Gleichgültigen.

Die Opfer machen sie zu Schuldigen, Männer zu Frauen

jagen die Gottesfürchtigen, Aufrechten und in Liebe Geduldigen.

huldigen eine Genspritze die verwandelt Leben in Grauen

Wenig Verständige findet man noch im großen Menschengewimmel.

Es sind die zukünftigen Nachbarn im Himmel.

Die Wurzel des Gottlosen aber wird abgehauen!

Wer Frieden in Krieg verwandelt,

macht nicht nur sich zur Leiche.

Wo zwei Weltkriege möglich waren

ist ein Dritter natürlich unmöglich!

Leider wurde die grüne Abfalltonne

bei uns schon länger nicht mehr geleert.

Schweißgebadet und am ganzen Körper zitternd erwachte er aus seinem schrecklichen Alptraum in dem er von gesichtslosen Menschen umgehen war. Noch dazu waren sie unberührbar. Die trotz ihrer Gesichtslosigkeit mit allen damit verbundenen Kommunikationseinschränkungen an ihrer

Schwäche und Verzweiflung erkennbaren Âlteren und Kranken waren auf eine Art Abstellgleis gebracht worden, welches zur Abgrenzung großräumig umzäunt war, um sie, da man keinerlei Verwendung mehr für sie hatte, einsam sterben zu lassen. Durch die Abreichnung von Injektionen wurde dieser Prozess beschleunigt. Die Gesichtslosen Massen marschierten im Gleichschritt voran und riefen im Chor: " Heil, Heil den Spritzen, tötet die Ungläubigen!"

Er schüttelte sich, verließ das Bett, machte sich fertig und setzte seine Maske auf da er einen Termin für seine 50. Impfung hatte, zuvor wollte er noch kurz seinen Vater im Altersheim anrufen, denn es herrschte Besuchsverbot.

Alptraum? Ja, aber Realität. Die Menschen wurden verführt, betrogen und mit List und Lügen in ihr Verderben getrieben. Aber nutzt oder hilft es ihnen etwas dass sie unwissend in den ewigen Tod gehen? Nein, ebensowenig wie jener Schweineherde die von einem satanischen Geist überwältigt in der Tod stürzte:

Es war aber dort am Berg eine große Herde Säue auf der Weide. Und die unreinen Geister baten ihn (Jesus) und sprachen: Lass uns in die Säue fahren! Und er erlaubte es ihnen. Da fuhren sie aus und fuhren in die Säue, und die Herde stürmte den Abhang hinunter ins Meer, etwa zweitausend, und sie ersoffen im Meer.

Matthäus 8: 11 – 13

Noch ist Zeit die Herde zu verlassen, denn Gott sagt: Wer nicht mit mir ist, der ist wider mich; und wer nicht mit mir sammelt, der zerstreut

Matthäus 12: 30

Geht hinein durch die enge Pforte. Denn die Pforte ist weit und der Weg ist breit, der zur Verdammnis führt, und viele sind's, die auf ihm hineingehen. Wie eng ist die Pforte und wie schmal der Weg, der zum Leben führt, und wenige sind's, die ihn finden!

Matthäus 7: 13,14

... denn wenn ihr mich von ganzem Herzen suchen werdet, so will ich mich von euch finden lassen, spricht der Herr,

Jeremia 12: 13,14

Schuld ist immer der Ungeimpfte,
der gern beschimpfte
grausame Übeltäter,
sagen die Verräter,-
und wahrhaft schuldigen Täter.
Sie haben mit Lügen geblendet,
Gifte verwendet,
die Menschen geschändet
und das alles ohne Not.
Doch es steht geschrieben
Der Lohn der Sünde ist der Tod!

Nur ein toter Ungeimpfter ist ein guter Ungeimpfter,

denn der lässt sich vermarkten nach teuflischen Plan.

Die Mehrheit glaubts und geht in den Abgrund

in ihrem blinden und folgsamen Wahn!

Ein ungeimpfter Fußballer,

- ein Antiheld, taugt sicherlich zum Medienknaller.

Weh denen, die Böses gut und Gutes böse nennen, die aus Finsternis Licht

und aus Licht Finsternis machen, die aus sauer süß und aus süß sauer machen

Jesaja 5: 20

Ein König richtet das Land auf durchs Recht; wer aber viel Steuern erhebt, richtet es zugrunde. Wenn ein Herrscher auf Lügen hört, werden alle seine Diener zu Frevlern.

Sprüche 29: 4,12

Die Feigen aber und Ungläubigen und Frevler und Mörder und Hurer und Zauberer und Götzendiener und alle Lügner, deren Teil wird in dem Pfuhl sein, der mit Feuer und Schwefel brennt; das ist der zweite Tod.

Offenbarung 21: 8

Wenn ich die Menschen in meinem Umfeld ansehe, die vor Betreten eines Supermarktes akribisch ihre Hände desinfizieren, die Gesichtsmaske bei jeder Gelegenheit, selbst beim Fahrradfahren tragen, vor Impf- und Testcentren Schlange stehen und für eine neue Frisur oder ein Essen im Restaurant ihre Gesundheit aufs Spiel setzen, kann ich nur den Kopf schütteln und ich frage mich wie soetwas möglich ist. Wurden sie verzaubert und in Trance versetzt durch die subliminalen und offenen Botschaften, die Angstpropaganda der Medien? Vor Furcht zitternd und willenlos, bereit alles zu tun um ihre vertraute Realität zurück zu bekommen, blind für die vor ihren Augen sichtbare Wahrheit dass durch Corona nie eine Gefahr bestand, dass die Zahl der Infektiösen in Deutschland zu keinem Zeitpunkt auch nur in einem zweistelligen Bereich war. und dass sie in ihrem blinden Gehorsam nur Statisten in dem Plan einer dämonischen Macht die Weltherrschaft zu erlangen, sind. Blind dafür dass sie ihr Haus, ihr Leben auf Sand gebaut haben der nach und nach weggespült wird, bis sie plötzlich unvorbereitet vor den Trümmern ihres Lebens stehen. Und ebenso blind für die Wahrheit Gottes der nur darauf wartet sie in die Arme zu nehmen und ihnen zuruft: " Kehre um vom Weg in den Abgrund und den Tod, ich bin für dich!" Die Umkehr ist eine bewusste Entscheidung das Angebot Gottes anzunehmen und ihm zu folgen, ihn in einem Gebet in das eigene Leben einzuladen, denn sein Angebot muss von jedem persönlich in Anspruch genommen werden. Achtung! Dies ist keine tote Religion, sondern der Beginn einer lebendigen Beziehung zu Gott und diese wird Folgen haben! Es ist die einzige echte Sicherheit und Garantie die es in den Wirren um uns herum gibt. Und Gott verspricht:

Ich sage dir noch einmal: Sei mutig und entschlossen! Hab keine Angst und lass dich durch nichts erschrecken; denn ich, der Herr, dein Gott, bin bei dir, wohin du auch gehst!"

Josua 1: 9

Hexenkessel

Sie wollen bezwecken,

daß die Aufrechten nichts tun

als ihre Waffen zu strecken,

der Unnütze möge gefälligst verrecken,

doch ist schon verloren,

wer nippt an dem teuflischen Gebräu

aus getöteten Kindern gegoren.

Denn wenn göttliche Werte,

gebeugt werden ins Verkehrte,

fliegst dem Schuldigen bald um die Ohren!

https://t.me/Endzeitinfo

Ein Leben mit Gott ist allein schon ein Wunder. Doch Vorsicht, einer der größten Feinde ist der eigene Stolz. Er hat viele Gesichter und verbirgt sich gern in vermeintlich richtigen Handlungen. Welch ein Übel - und welch eine Gnade dies zu erkennen!

Besser ein begangener Fehler bringt einen zu Fall, als daß er einen unerkannt zu weit in die Irre führt.

Buße und Umkehr sind kostbare Edelsteine, hingegen ist auch der weiseste Ratschlag der Welt nur ein gereinigter in künstliches Licht getauchter Kieselstein.

Printed by Books on Demand GmbH, Norderstedt / Germany